Großer Knall in Frankfurt

AF649871

Alles Digitale zu diesem Buch kann auf der Lernplattform **allango** von Ernst Klett Sprachen abgerufen werden. So geht's:

QR-Code scannen oder **www.allango.net** aufrufen | Buchtitel oder ISBN in der Suche eingeben und auf das Buchcover klicken | Zum Inhalt navigieren, direkt abrufen oder speichern

Dieses Symbol bedeutet, dass zu einem Buch-Abschnitt ein digitaler Inhalt verfügbar ist: **Audios und zusätzliche Arbeitsblätter.**

Detektiv Müller
Großer Knall in Frankfurt

Felix & Theo

Ernst Klett Sprachen
Stuttgart

Leichte Lektüren
Deutsch als Fremdsprache
Großer Knall in Frankfurt *Stufe mittel*

Nachfolger von 978-3-12-606465-1 (Tatort Frankfurt)

1. Auflage 4 | 2025

Alle Drucke dieser Auflage sind unverändert und können im Unterricht nebeneinander verwendet werden.
Die letzte Zahl bezeichnet das Jahr des Druckes. Das Werk und seine Teile sind urheberrechtlich geschützt. Jede Nutzung in anderen als den gesetzlich zugelassenen Fällen bedarf der vorherigen schriftlichen Einwilligung des Verlags.

© der Originalausgabe: Langenscheidt KG, München 1991
© Ernst Klett Sprachen GmbH, Rotebühlstraße 77, 70178 Stuttgart 2018
Alle Rechte vorbehalten. Die Nutzung der Inhalte für Text- und Data-Mining ist ausdrücklich vorbehalten und daher untersagt.
www.klett-sprachen.de

Autor und Illustrator: Felix und Theo
Redaktion und Annotationen: Hannah Blumöhr
Unter Mitarbeit von Katrin Wilhelm

Hörfassung gesprochen von Johannes Lange

Layoutkonzeption: Andreas Drabarek
Gestaltung und Satz: Datagroup Int. SRL, Timişoara, Rumänien
Umschlaggestaltung: Andreas Drabarek
Druck und Bindung: Salzland Druck, Staßfurt

PEFC-zertifiziert
Dieses Produkt stammt aus nachhaltig bewirtschafteten Wäldern und kontrollierten Quellen
PEFC/04-31-2251
www.pefc.de

Printed in Germany
ISBN 978-3-12-675124-7

Inhaltsverzeichnis

Vorstellung der Hauptpersonen

Die Hauptpersonen dieser Geschichte sind:

Helmut Müller ist Privatdetektiv und fährt zur Buchmesse nach Frankfurt.

Bea Braun arbeitet mit Helmut Müller zusammen. Sie ist seine Sekretärin. Sie begleitet ihn nach Frankfurt.

Die Frankfurter Buchmesse ist eine internationale Buchmesse, die jedes Jahr im Oktober in Frankfurt stattfindet. Es werden die neusten Bücher vorgestellt.

8 **Privatdetektiv** Beruf; Person, die ohne Polizei Ermittlungen macht | 15 **Sekretärin** Beruf; organisiert zum Beispiel die Termine für den Chef

Weitere Personen in der Geschichte

Werner Hofinger ist Pressefotograf. Er präsentiert auf der Buchmesse in Frankfurt einen schönen Bildband über Berlin.

Horst Rieck ist Verleger und Besitzer der Magnum Presse. Er macht gute Geschäfte mit Sachbüchern.

Jörg Koenig ist Journalist, Autor, Kellner und ein Mann mit vielen Namen.

Kurt Voleur heißt in Wirklichkeit Kurt Gonike. Ist er ein Dieb?

---

3 **Pressefotograf** Beruf; Er macht Fotos für die Zeitung. | 4 **Bildband** ein Buch mit sehr vielen Fotos | 6 **Verleger** Beruf; eine Person, die einen Verlag besitzt | 6 **Besitzer** Der Verlag gehört ihm. | 7 **Sachbuch** ein Buch, das einen Gegenstand/ein Sachgebiet darstellt

Kapitel 1

„Morgen!“, sagt Helmut Müller.

Bea Braun antwortet: „Morgen, Chef! Sie haben heute wohl schlechte Laune?“

„Hm. Hier ist die Post, bestimmt nur Rechnungen.“

Helmut Müller, Privatdetektiv, legt einen Stapel Briefe auf den Schreibtisch seiner Sekretärin Bea Braun und geht in sein Büro.

„Was ist dem denn über die Leber gelaufen?“, denkt Bea Braun und öffnet die Post.

Miete, Strom, Heizung, Telefon. Tatsächlich viele Rechnungen und ein Brief von Werner Hofinger. Bea Braun kennt den Pressefotografen und liest den Brief:

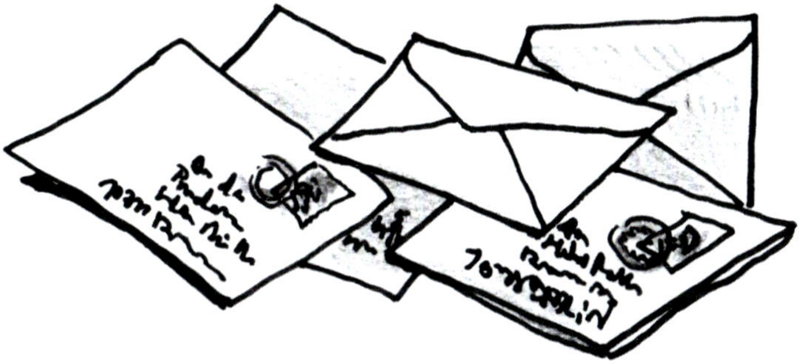

5 **Laune** Stimmung | 7 **einen Stapel** *hier:* viele | 10 **Was ist dem denn über die Leber gelaufen?** Redewendung, die bedeutet, dass jemand schlechte Laune hat. | 12 **Strom** Elektrizität

Sehr geehrte Damen und Herren,

anlässlich der Frankfurter Buchmesse erlauben wir uns, Sie und Ihre Freunde zur Präsentation des Bildbandes **„Berliner Luft"** des bekannten Pressefotografen Werner Hofinger einzuladen.

Samstag, 5. Oktober, 14 Uhr
an unserem Messestand K 2234

Der Autor ist anwesend.

Magnum Presse

Zehn Minuten später klopft Bea Braun an die Tür zum Büro von Helmut Müller.

Sie trägt ein Tablett mit Kaffee, Milch und Zucker. Die Einladung von Werner Hofinger liegt auch dabei.

„Ihr Kaffee, Chef!", sagt Bea Braun.

Helmut Müller antwortet: „Nein, danke!"

„Was? Ich habe gerade frischen Kaffee gekocht und hier ist auch eine Einladung..."

„Kein Interesse! Und Kaffee will ich auch keinen!", entgegnet der Privatdetektiv unfreundlich.

„Chef, sind Sie krank? Sie trinken doch jeden Morgen um diese Zeit Kaffee!", fragt Bea Braun nach.

---

4 **anlässlich** aus Anlass, aufgrund, wegen | 11 **Messestand** Hier zeigt der Verlag seine neuen Bücher. | 13 **anwesend** da, *hier:* am Stand | 15 **Magnum Presse** Eigenname eines Verlages | 18 **klopfen** mehrmals leicht gegen eine Tür schlagen | 20 **Tablett** eine Art Brett, auf dem man Teller und Tassen tragen kann

„Ach Bea. Ich darf wirklich keinen Kaffee trinken. Ich war heute bei meiner Ärztin, Frau Dr. Biehle“, erzählt Helmut Müller.

„Und?“

„Die Frau Doktor meint, ich muss zehn Kilo abnehmen. Mein Kreislauf ist nicht gut und das Herz und ... ja, also keinen Kaffee mehr. Mineralwasser und Saft und viel Bewegung. Deshalb habe ich schlechte Laune!“

Bea Braun sagt: „Ach mein Gott, und ich dachte schon, Sie sind ernsthaft krank. Dann trinke ich den Kaffee und Sie bekommen Orangensaft. Ach ja, hier ist die Einladung.“

Detektiv Müller liest die Einladung.

Wenig später ruft der Privatdetektiv.

„Bea, wir machen eine Studienreise nach Frankfurt! Wir fahren zur Buchmesse, gehen zur Präsentation von Werner Hofinger, sehen uns die neuen Krimis auf der Messe an, gehen am Abend schön essen, und, nee, kein Essen. Rufen Sie doch bitte mal bei der Bahn an.“

„Nicht nötig! Wir leben im 21. Jahrhundert! ‚Surf & Rail‘ heißt das heute und die Tickets drucken wir uns auch gleich aus. Wann wollen wir fahren?“, möchte Bea Braun wissen.

„Moment mal. Die Präsentation ist am Samstag um 14 Uhr. Wir können am Morgen fahren, und am Sonntag zurück.“

„O.k.!“

---

5 **abnehmen** Gewicht verlieren, eine Diät machen | 6 **Kreislauf** Kurzform für Blutkreislauf | 7 **Bewegung** *hier:* Sport | 10 **ernsthaft** wirklich | 15 **Studienreise** eine Reise, bei der man etwas lernen möchte | 20 **21. Jahrhundert** die Jahre von 2001 bis 2100

Kapitel 2

„Vielen Dank für Ihr zahlreiches Erscheinen. Es ist mir eine ganz besondere Freude, heute diesen wunderbaren Fotoband ‚Berliner Luft' von unserem lieben Freund Werner Hofinger vorstellen zu dürfen..." Helmut Müller und Bea Braun hören gespannt die Worte von Horst Rieck. Er ist der Besitzer der Magnum Presse.

Plötzlich gibt es Geschrei. „Verbrecher! Ihr seid alle Verbrecher!"

Ein Mann, ungefähr 40 Jahre alt, mit Anzug, Krawatte und unrasiert, steht am Messestand und ruft noch einmal:

„Ihr Verbrecher! Alle, alle seid ihr Verbrecher!"

Die Gäste sehen sich erstaunt um. Offensichtlich ist der Mann betrunken. Werner Hofinger sieht zu Helmut Müller. Helmut Müller nickt und geht zu dem Mann.

Er packt ihn am Arm und flüstert:

„So früh am Tag soll man eben keinen Alkohol trinken! Kommen Sie mal mit."

„Bist du auch einer von den Verbrechern? Lass mich los, du...!", schimpft der Mann.

---

3 **Erscheinen** *hier:* Kommen | 4 **Fotoband** ein Buch mit sehr vielen Fotos | 16 **Verbrecher** jemand, der etwas Böses gemacht hat | 18 **Krawatte** langes, schmales und formelles Kleidungsstück, das vor allem Männer um den Hals tragen | 19 **unrasiert** Er hat einen Bart. | 21 **erstaunt** verwundert, erschrocken, überrascht | 25 **flüstern** leise reden

BERLINER LUFT

„Kommen Sie, wir gehen an die frische Luft!"

Helmut Müller geht mit dem Fremden durch die Gänge. Überall sind viele Menschen und die beiden fallen nicht auf.

„Mensch, wo ist denn der Ausgang? Das ist ja ein richtiges Labyrinth!", sagt Detektiv Müller verärgert.

Der Fremde lallt:

„Da vorne geht's raus. Aber hier ist ein Café. Ein Kaffee wär nicht schlecht! Komm, ich lad dich ein..."

Helmut Müller sitzt mit dem Mann in einem kleinen Messe-Bistro und versucht herauszufinden, was mit dem Mann los ist. Aber der betrunkene Mann möchte nicht mit Detektiv Müller sprechen.

„Bravo! Supertolle Bilder! Schönes Buch! Prima!"

Die Reden sind zu Ende und die Gäste der Buchpräsentation loben Werner Hofinger für sein schönes Buch.

Horst Rieck, der Chef der Magnum Presse, ist zufrieden.

---

2 **Fremder** Person, die man nicht kennt | 2 **Gang** *hier:* Weg | 5 **Labyrinth** Es ist sehr unübersichtlich. | 6 **lallen** nicht deutlich sprechen | 8 **einladen** *hier:* für jemanden bezahlen | 11 **Bistro** Lokal, kleines Restaurant | 17 **loben** etwas Positives/Gutes sagen

Werner Hofinger sitzt an einem kleinen Tisch und signiert Bücher.

Viele Leute wollen ein Autogramm haben. Auch Bea Braun steht in der Reihe und wartet.

„Hallo, Chef! Hier bin ich! Das war ja ein komischer Typ“, ruft Bea Braun ihrem Chef zu.

Helmut Müller antwortet: „Na ja, einer, der keinen Alkohol verträgt.“

Endlich kommt Bea Braun an die Reihe.

Werner Hofinger schreibt „Meiner lieben Freundin Bea Braun…“

Und Helmut Müller ergänzt lachend: „…der besten Privatdetektivin von Berlin!“

---

18 **signieren** unterschreiben | 20 **Autogramm** Unterschrift einer berühmten Person | 25 **vertragen** ohne Schaden etwas aushalten können

„Na, na, nicht eifersüchtig werden, Chef! Schreiben Sie doch mal ein Buch, dann dürfen Sie mir auch…“, sagt Bea Braun.

„RUMMS!!!!“

Mit großem Lärm fällt ein Bücherregal um.

Bücher purzeln über den Boden und eine junge Angestellte wird von dem Regal am Rücken verletzt.

„Helmut, schau mal, schon wieder der Spinner!“, ruft Werner Hofinger. Detektiv Müller dreht sich um und entdeckt den Mann, der eilig wegläuft.

„So eine Sauerei! Das ist geschäftsschädigend! Das macht man mit mir nicht!“

1 **eifersüchtig** neidisch | 4 **umfallen** zu Boden fallen | 4 **Bücherregal** ein Schrank für Bücher | 5 **purzeln** *hier:* fallen | 11 **Sauerei** Bösartigkeit, Gemeinheit | 11 **geschäftsschädigend** *hier:* schlecht für den Verkauf der Bücher

Der Verleger Horst Rieck ist wütend.

„Ich rufe die Polizei", sagt eine Angestellte.

„Nein, keine Polizei! Aber die Presse können Sie anrufen", antwortet Horst Rieck.

Bea Braun hilft den Angestellten der Magnum Presse beim Aufräumen.

„Kurt Voleur: Die Medienmafia. Und hier: Kurt Voleur: Das Dopinggeschäft. Und da wieder: Kurt Voleur." Bea Braun liest die Titel der heruntergefallenen Bücher.

1 **wütend** sauer | 9 **Dopinggeschäft** *hier:* Gewinn von Geld mit Doping

„Das ist unser Erfolgsautor! Kommen Sie doch morgen um zehn Uhr, da gibt es eine Präsentation von Voleurs neuestem Buch", erzählt die Angestellte.

Bea Braun fragt: „Was sind das für Bücher? Romane, Krimis?"

„Nein, Sachbücher! Sachbücher sind im Moment das beste Geschäft! Und der erfolgreichste Autor auf diesem Gebiet ist Kurt Voleur!"

Das Regal ist wieder eingeräumt und Werner Hofinger hat seine Signierstunde beendet.

Helmut Müller fragt: „Möchten Sie mitkommen, Bea? Werner und ich, wir wollen in die Stadt. Und später ein kleines Abendessen im ‚Frankfurter Hof', kalorienarm natürlich!"

„Gute Idee! Ich komme gern mit!", antwortet Bea Braun.

---

1 **Erfolgsautor** jemand, der erfolgreich Bücher schreibt | 4 **Roman** Erzählung | 10 **Signierstunde** eine Stunde, in der Prominente Autogramme geben | 13 **kalorienarm** etwas mit wenigen Kalorien (Energiewert für Lebensmittel)

Kapitel 3

„Einen Äppelwoi, Bea?“, fragt Werner Hofinger.

Bea Braun antwortet: „Wie bitte?“

„Ein Äppelwoi ist ein Apfelwein. Den trinkt man hier in Frankfurt. Und dazu müssen Sie einen Käse essen…“

Werner Hofinger empfiehlt Bea Braun Frankfurter Spezialitäten.

„Nein, nein, danke! Ich esse ein Wiener Schnitzel und trinke ein großes Bier!“

Bea Braun gibt die Speisekarte an Helmut Müller weiter.

„Tja, ich nehme nur einen Salat und ein Mineralwasser…“, sagt der Privatdetektiv.

„Gut, also ein Wiener Schnitzel, einen gemischten Salat und für mich einen Handkäs…“

Werner Hofinger gibt die Speisekarte an den Kellner zurück.

3 **Äppelwoi** hessische Spezialität, Fruchtwein aus Äpfeln | 7 **Spezialität** typisches Essen | 11 **tja** Ausdruck der Sorge | 14 **Handkäs** hessische Spezialität; ein Käse, der mit Zwiebeln und Kümmel gegessen wird | 15 **Kellner** Beruf; jemand, der in einem Restaurant die Gäste bedient

Der Kellner trägt ein weißes Sakko, weißes Hemd und eine schwarze Fliege.

„Moment mal, Sie sind doch der Kerl von der Buchmesse, der meine Präsentation versaut hat!“, stellt Werner Hofinger fest.

Er springt auf und will auf den Kellner losgehen.

Auch Helmut Müller hat den Mann jetzt erkannt und fasst Werner Hofinger am Arm.

„Werner, bitte beruhige dich! Komm, wir gehen lieber in ein anderes Lokal!“, versucht Helmut Müller ihn zu beruhigen.

„Bitte bleiben Sie! Bitte! Wenn mein Chef das merkt, fliege ich raus. Ich kann Ihnen das alles erklären“, stottert der Mann.

5 **aufspringen** sehr schnell aufstehen | 8 **sich beruhigen** zur Ruhe kommen, nicht aufregen | 10 **rausfliegen** entlassen/gekündigt werden | 11 **stottern** stockend etwas sagen

Und mit lauter Stimme sagt er: „Gerne! Kommt gleich!"

Einige Zeit später.

Der Kellner hat sich umgezogen. Er trägt jetzt wieder seinen Anzug, nimmt einen Stuhl und kommt an den Tisch.

„Darf ich mich zu Ihnen setzen?"

„Nur, wenn Sie den Tisch nicht umwerfen", lacht Werner Hofinger. Bea Braun und Helmut Müller schmunzeln.

Der Mann erzählt: „Ich möchte mich bei Ihnen entschuldigen. Mein Verhalten heute Nachmittag, also, also das möchte ich Ihnen erklären.

8 **schmunzeln** über etwas lachen | 10 **Verhalten** Handlung; das, was er gemacht hat

Mein Name ist Jörg Koenig. Ich bin, nein, ich war Journalist. Ich habe bei einer Zeitung in Jena gearbeitet. Tja, irgendwann war Schluss mit meinem Job. Die Zeitung hat ein großer Verlag aus Hamburg gekauft.

Ich habe dann als freier Journalist gearbeitet. Manchmal konnte ich Artikel an Zeitungen verkaufen, manchmal nicht.

Für die Artikel habe ich viel recherchiert und dann habe ich angefangen, dieses Material zu Büchern zusammenzustellen.

Zuerst habe ich über Doping im Sport recherchiert. Viele Sportler bei uns im Osten waren gedopt – wie anderswo auch…"

„Pech für Sie, Herr Koenig! Das Buch hat leider schon ein anderer Autor geschrieben…", sagt Bea Braun.

Jörg Koenig fällt ihr ins Wort:

„Das ist es ja! Das ist ja der ganze Betrug! Das ist mein Buch! Meine Arbeit, meine Recherchen, einfach geklaut! Und der größte Witz dabei ist, dass sich der Autor auch noch Kurt Voleur nennt!"

„Wieso?", fragt Helmut Müller.

Bea Braun erklärt: „Voleur, Chef, ist Französisch. Und ‚voleur' heißt Dieb."

„Genau! Diebe, Betrüger!", schimpft Jörg Koenig.

„Jetzt – Moment mal, Herr Koenig! Sie wollen also behaupten, dass die Magnum Presse Ihr Manuskript gestohlen hat?", fragt Detektiv Müller.

Jetzt mischt sich auch Werner Hofinger ein:

„Das kann ich nicht glauben, das ist ein sehr seriöser Verlag!"

Jörg König erwidert: „Ha, ha! Warten Sie nur ab, Herr Fotograf. Mit dem Veröffentlichen sind die schnell, aber mit

---

3 **Verlag** eine Firma, die Bücher verkauft | 7 **recherchieren** herausfinden, Informationen sammeln | 9 **Doping** Einnahme verbotener Mittel zur Leistungssteigerung | 10 **gedopt** Partizip zu Doping | 14 **Betrug** bewusste Täuschung einer anderen Person | 15 **klauen** etwas ohne Erlaubnis nehmen | 21 **Betrüger** jemand, der einen anderen täuscht | 23 **Manuskript** Text | 26 **seriös** gut, vertrauenswürdig | 28 **veröffentlichen** herausbringen, in den Buchhandel bringen

der Bezahlung – warten Sie nur ab! Ich habe verschiedene Manuskripte zu aktuellen Themen an Verlage geschickt. Am schnellsten hat die Magnum Presse reagiert und mich zu einem Gespräch eingeladen. Ich habe mich riesig gefreut. Aber dann wurde der Termin verschoben, dann wieder und wieder. Und irgendwann haben sie mir dann mitgeteilt, dass sie mein Buch doch nicht veröffentlichen."

„Und das Buch über die ‚Medienmafia' ist auch von Ihnen?", möchte Bea Braun wissen.

„Im Prinzip schon. Da wird mal da und dort eine Formulierung geändert...", antwortet Jörg Koenig.

„Warum gehen Sie nicht zu einem Anwalt? Sie haben doch die Unterlagen, das ist doch leicht zu beweisen, oder?", fragt Bea Braun.

„Da bekommen Sie vor jedem Gericht der Welt Recht!"

Bea Braun und Hofinger reden durcheinander.

„Was wollten Sie denn heute auf der Buchmesse?", fragt Helmut Müller.

„Ich wollte mit dem Chef von der Magnum Presse reden, alles aufdecken. Und weil ich so aufgeregt war, habe ich mir ein bisschen Mut angetrunken. Obwohl ich nie Alkohol trinke, ich vertrage keinen Alkohol...", erzählt Jörg Koenig.

„Und was sollte das mit dem Bücherregal? Eine Angestellte hat sich dabei verletzt!", sagt Bea Braun entrüstet.

„Das tut mir ja leid. Aber ich war einfach enttäuscht von mir, enttäuscht und wütend. Als ich gehen wollte, bin ich noch mal bei der Magnum Presse vorbei und als ich das Regal mit den Büchern von diesem Voleur gesehen habe, da, da..."

„Da haben Sie es einfach umgeworfen!", ergänzt Helmut Müller.

---

11 **Formulierung** *hier:* Worte | 12 **Anwalt** Rechtsvertreter; jemand, der sich für einen einsetzt | 13 **Unterlagen** *hier:* Originaltexte | 16 **durcheinander** *hier:* gleichzeitig | 20 **aufgeregt** nervös | 25 **enttäuscht** traurig, frustriert

„Hm, ja. Ich gehe morgen hin und entschuldige mich. Und Ihnen wünsche ich noch einen schönen Abend. Auf Wiedersehen."

„Merkwürdige Geschichte, findet ihr nicht?" Bea Braun sieht fragend zu Werner Hofinger und Helmut Müller.

„Na ja, so was passiert schon. Manche Themen liegen in der Luft und der schnellste Verlag macht das Geschäft", sagt Werner Hofinger.

„Aber für jedes Buch braucht man doch Material und Recherchen. Und der – wie war sein Name?", fragt Detektiv Müller.

„Koenig!", ruft Bea Braun.

„Koenig, genau. Und dieser Koenig hat ja viel recherchiert."

Werner Hofinger erklärt: „Lieber Helmut, leider gehört es im Verlagsgeschäft zum Alltag, dass Autoren auch voneinander abschreiben. Und Recherchen sind oft nur Zeitungsartikel und Nachrichten, die dann zu einem Buch zusammengestellt werden."

„Also zuerst hat Koenig geklaut und jetzt hat man sein Manuskript geklaut?", fragt Bea Braun.

Werner Hofinger antwortet: „Vielleicht. Habt ihr nicht Lust, morgen noch mal auf die Messe zu kommen? Wir können uns diesen Herrn Voleur ja mal ansehen. Ich muss um halb zehn sowieso zu Herrn Rieck."

„Wann geht unser Zug zurück, Bea?", fragt Helmut Müller.

„Erst am späten Nachmittag. Und von der Messe hab ich noch nicht viel gesehen!"

„Okay, dann treffen wir uns um neun Uhr am Haupteingang", beschließt Helmut Müller.

---

4 **merkwürdig** komisch | 9 **Material** Informationen über ein Thema | 15 **Verlagsgeschäft** Branche, im Bereich der Verlagsarbeit | 16 **Zeitungsartikel** Texte in einer Zeitung

Kapitel 4

Am nächsten Morgen sind Bea Braun, Werner Hofinger und Helmut Müller pünktlich am Haupteingang.

Sie spazieren zusammen zur Halle 4. Aber leider können sie nicht in die Halle. Die Polizei hat die Eingänge abgesperrt. Viele Leute stehen vor der Halle und diskutieren.

Werner Hofinger winkt und sagt:

„Da drüben ist Herr Rieck, ich frag ihn mal, was los ist."

Nach ein paar Minuten kommt Werner Hofinger mit Rieck und einem anderen Mann zurück.

„Darf ich vorstellen? Das ist Kurt Voleur, Autor bei der Magnum Presse. Und das sind meine Freunde aus Berlin: Helmut Müller, Privatdetektiv, und Bea Braun, seine…"

Aber Helmut Müller unterbricht ihn:

„Guten Tag, Herr Voleur. Ja, das ist Bea Braun, Kulturredakteurin bei der Berliner Morgenpost!"

Bea Braun lächelt Helmut Müller kurz an, dann wendet sie sich an den Autor.

„Sehr erfreut, Herr Voleur, Sie kennen zu lernen. Ihre Bücher kenne ich ja schon", sagt Bea Braun, „Was ist eigentlich hier los?"

---

6 **abgesperrt** geschlossen, zu gemacht | 9 **drüben** auf der anderen Seite | 17 **Kulturredakteurin** Beruf; jemand, der für eine Zeitung arbeitet und für den Kulturteil (z.B. Literatur) zuständig ist | 17 **Berliner Morgenpost** eine Berliner Zeitung | 18 **anlächeln** jemanden freundlich angucken

HALLE 4
ZEI

Horst Rieck antwortet: „Die Polizei spricht von einer Bombendrohung. Die Spezialisten sind schon in der Halle und suchen. So lange müssen wir warten. Hoffentlich dauert das nicht mehr lange, um zehn Uhr haben wir ja die Präsentation mit unserem Star." Stolz klopft Horst Rieck Kurt Voleur auf die Schulter.

Plötzlich hören sie eine Durchsage:

„Sehr verehrte Damen und Herren, bitte verlassen Sie den Platz! Bitte machen Sie die Eingänge frei. Die Halle 4 bleibt vorerst geschlossen."

„So ein Mist! Was ist jetzt mit der Präsentation?" Ärgerlich geht der Verleger Horst Rieck auf und ab.

„Wenn ich einen Vorschlag machen darf, Herr Rieck", sagt Helmut Müller lächelnd, „vielleicht kann Frau Braun die Zeit für ein Interview nutzen? Werner wollte Sie ja sowieso sprechen und ich gehe telefonieren."

Bea Braun sucht in ihrer Handtasche Papier und einen Kugelschreiber.

„Herr Voleur!", beginnt Bea Braun.

„Gonike, bitte! Für Sie Gonike, Frau Braun."

„Wieso Gonike?", Bea Braun ist verwundert.

„Voleur ist mein Künstlername, ha, ha. Sozusagen ein Pseudonym", antwortet Herr Gonike.

„Und warum?", möchte Bea Braun wissen.

„Ja, das ist eine lange Geschichte, aber die möchte ich der Presse lieber nicht erzählen."

---

2 **Bombendrohung** eine Warnung, dass eine Bombe in der Halle ist | 2 **Spezialist** jemand, der über einen Bereich sehr viel weiß | 6 **Schulter** oberer Teil des Rückens | 9 **sehr verehrte Damen und Herren** höfliche Art und Weise jemanden anzusprechen oder zu begrüßen | 12 **ärgerlich** sauer, wütend | 24 **Künstlername** ein Name, den ein Künstler statt seines richtigen Namens verwendet | 25 **Pseudonym** Name eines Künstlers

„Und mir privat? Ich kann mein Notizbuch schließen und versprechen, dass nichts von unserem Gespräch in der Berliner Morgenpost erscheinen wird", sagt Bea Braun.

„Versprochen? Seit ein paar Jahren schreibe ich Sachbücher. Mein Stoff ist oft sehr brisant, und da schafft man sich auch Feinde. Deshalb mein Pseudonym", erzählt Herr Gonike.

„Und wie sind Sie Autor geworden, Herr Vo..., Herr Gonike?"

Herr Gonike antwortet: „Hm, ja, ich habe Germanistik studiert und dann habe ich ein Verlagspraktikum gemacht, und danach war für mich klar: Ich will schreiben!"

„Und dann haben Sie gleich einen Bestseller geschrieben?", fragt Bea Braun.

„Natürlich nicht. Man fängt mit kleinen Brötchen an."

„Wie meinen Sie das?"

Herr Gonike erzählt: „Am Anfang schreibt man Artikel, oder man schreibt Beiträge für ein Buch. Man muss ja erst mal das Handwerk lernen. Und diese Sachen habe ich unter meinem richtigen Namen veröffentlicht."

„Haben Sie auch mal in einem Verlag gearbeitet? Ich meine, nach Ihrem Praktikum?"

„Nein. Wieso fragen Sie?", antwortet Herr Gonike auf Bea Brauns Frage.

„Na ja, wegen ‚Handwerk lernen' und so. Haben Sie gleich bei der Magnum Presse veröffentlicht? Oder gibt es von Ihnen auch Bücher in einem anderen Verlag?", fragt Bea Braun nach.

„Nein, nein."

„Und Ihr erstes Sachbuch, wie war doch gleich der Titel?"

Herr Gonike antwortet: „Das Dopinggeschäft."

„Genau! Das war gleich ein Bestseller?"

---

5 **brisant** spannend, kritisch, riskant | 6 **Feinde** Gegner | 8 **Germanistik** Wissenschaft über die deutsche Sprache und Literatur | 9 **Praktikum** Tätigkeit für einen begrenzten Zeitraum bei einem Unternehmen | 11 **Bestseller** ein Buch, das sehr viel gekauft wird | 16 **Beiträge** *hier:* Texte

„Ja. Im Buchgeschäft spielt natürlich Glück eine Rolle, gutes Marketing und natürlich ein gut recherchierter Stoff! Man muss gut schreiben können und der Zeitpunkt für ein Thema ist natürlich wichtig. Das gleiche Buch ein Jahr zu früh oder ein Jahr zu spät, und es ist ein Flop!“, meint Herr Gonike.

Bea Braun fragt nach: „Haben Sie persönlich zum Thema ‚Doping' in der ehemaligen DDR recherchiert?“

„Sie stellen ja komische Fragen! Natürlich! Ich meine, man hat ja auch Mitarbeiter...“, antwortet Herr Gonike.

„Kennen Sie Herrn Koenig, er ist sozusagen ein Kollege von Ihnen?“

„Nein! Also, ich glaube, ich muss jetzt gehen. Vielleicht ist die Halle ja wieder frei... Tschüss, Frau Braun“, beendet Herr Gonike das Gespräch.

„Auf Wiedersehen, Herr Voleur!“

1 **Buchgeschäft** beim Verkauf von Büchern | 2 **Marketing** Werbung | 2 **Stoff** *hier:* Inhalt, Thema | 3 **Zeitpunkt** wann etwas veröffentlicht wird | 5 **Flop** Misserfolg | 7 **DDR** Kurzform für Deutsche Demokratische Republik

Kapitel 5

„Restaurant Frankfurter Hof!“

„Müller mein Name. Ich war gestern Abend mit Freunden bei Ihnen. Wir hatten nach dem Essen ein interessantes Gespräch mit Ihrem Kellner, Herrn Koenig. Und ich...“

„Koenig gibt’s bei uns nicht!“, antwortet die andere Person.

„Ich meine den Kellner Jörg Koenig!“, wiederholt Helmut Müller.

„Ich sagte doch, hier gibt es keinen ‚Koenig‘. Bei uns gibt es nur einen Jörg Schönborn. Und den erreichen Sie erst heute Abend ab halb sechs.“

„Gut, ich rufe dann später noch mal an. Vielen Dank!“, bedankt sich Detektiv Müller.

Zufrieden schreibt Helmut Müller den Namen in sein Notizbuch. Er sitzt in der Sonne auf dem Messegelände. Er hat mit einem Freund in Jena telefoniert und eben mit dem Besitzer vom ‚Frankfurter Hof‘.

„Pieep!“ Helmut Müller sieht auf sein Handy. Eine SMS von seiner Mitarbeiterin Bea Braun:

---

27 **Notizbuch** kleines Buch für Ideen und Notizen | 27 **Messegelände** der Ort, an dem eine Messe stattfindet

„Chef, wo sind Sie? Wir müssen uns treffen!“

Detektiv Müller wählt Bea Brauns Nummer.

„Hallo, Bea! Ich sitze in der Sonne und habe Neuigkeiten.“

„Ich auch, Chef! Wo treffen wir uns?“

Helmut Müller antwortet: „Bea! Wir sind privat auf der Buchmesse, nicht geschäftlich! Wir wollen uns doch Bücher ansehen und zu der Präsentation gehen.“

„Ja, ja. Aber wir wollen doch auch unserem Freund Werner Hofinger helfen!“

„Halle 4?“, fragt der Privatdetektiv.

„O.k., bis gleich.“

Vor der Halle 4 steht noch ein Polizeibus. Der Eingang ist geöffnet und viele Besucherinnen und Besucher gehen hinein.

Am Messestand der Magnum Presse stehen Polizisten, Reporter, Journalistinnen und Fotografen.

Der Verleger Horst Rieck gibt Interviews. Kurt Voleur gibt Interviews. Und auch Werner Hofinger gibt Interviews.

Überall sind weiße Flugblätter aufgehängt. Sie liegen auch auf den Tischen.

INFO - MAGNUM PRESSE - INFO

Bombendrohung! Präsentation verschoben!
Hat Kurt Voleur wieder ein heißes Eisen angefasst?

INFO - MAGNUM PRESSE - INFO

---

3 **Neuigkeiten** neue Informationen | 6 **geschäftlich** den Beruf/das Geschäft betreffend | 14 **hineingehen** nach drinnen gehen | 16 **Reporter** Beruf; Journalist; jemand, der für eine Zeitung arbeitet | 19 **Flugblatt** ein Blatt Papier mit einem kurzen Text | 25 **ein heißes Eisen** *hier:* ein brisantes, gefährliches Thema

„Hallo, Bea! Hallo, Helmut!“, ruft Werner Hofinger seinen Freunden zu.

„Hallo, Werner. Was ist denn hier los?“, fragt Helmut Müller.

„Der reine Wahnsinn! Die Polizei hat tatsächlich eine Bombe gefunden! Hier auf dem Stand! Ein Anschlag auf die Magnum Presse! Jetzt kommt auch noch gleich das Fernsehen. Das totale Chaos!“, erzählt Werner Hofinger.

Helmut Müller meint: „Aber gute Publicity!“

„Seht mal, was ich hier habe.“

Werner Hofinger holt aus seiner Jackentasche einen Briefumschlag.

Detektiv Müller liest den Aufdruck ‚Magnum Presse‘.

„Sieh ruhig rein, mein Lieber“, sagt Hofinger und grinst.

Helmut Müller öffnet den Umschlag und nimmt einen Scheck heraus.

Er liest:

„Nicht schlecht!“, sagt der Privatdetektiv anerkennend.

Helmut Müller zeigt Bea Braun den Scheck.

5 **Anschlag** verbrecherischer Überfall | 8 **Publicity** öffentliche Aufmerksamkeit, Werbung | 11 **Briefumschlag** Hülle aus Papier zum Verschicken von Briefen | 12 **Aufdruck** kurzer, auf etwas aufgedruckter Text | 13 **grinsen** lächeln | 15 **Scheck** eine Art Gutschein, mit dem man Geld von einer Bank bekommt

Bea Braun sagt zu Werner Hofinger: „Mensch, Werner! Klasse! Ich gratuliere! Jetzt bin ich erleichtert. Gestern Abend habe ich mir ein bisschen Sorgen gemacht, nach allem, was der Koenig da erzählt hat."

„Schönborn! Herr Koenig heißt Schönborn!", ruft Detektiv Müller.

„Und Kurt Voleur heißt eigentlich Kurt Gonike. Das hat er mir vorhin beim Interview verraten", erzählt Bea Braun.

„Tja, mein lieber Werner, für diesen Verlag brauchst du vielleicht auch bald ein Pseudonym", sagt Helmut Müller.

Bea Braun antwortet: „Nein, du bestimmt nicht. Du machst deine Fotos ja noch selbst."

„Also ich verstehe gar nichts mehr. Wovon redet ihr zwei eigentlich?", möchte Werner Hofinger wissen.

„Schon gut, Werner. Du hast Bea doch die Widmung ins Buch geschrieben: ‚Der besten Privatdetektivin von Berlin'. Gib du mal deine Interviews, wir sehen uns noch Bücher an. Ruf doch morgen mal an und erzähl. Bis dann, Werner. Alles Gute!", verabschiedet sich Detektiv Müller.

Während sich Bea Braun von Werner Hofinger verabschiedet, spricht Helmut Müller mit einer Angestellten der Magnum Presse. Er lächelt und schreibt etwas in sein Notizbuch.

2 **erleichtert sein** *hier:* Es geht ihr besser. | 8 **vorhin** vor wenigen Minuten | 8 **verraten** etwas, was geheim bleiben sollte, weitersagen | 15 **Widmung** persönliche, in ein Buch geschriebene Worte | 19 **verabschieden** „Tschüss" sagen

Kapitel 6

Bea Braun und Helmut Müller sitzen in einem Abteil des ICEs nach Berlin.

„Au, mir tun die Füße weh!" Bea Braun legt ihre Beine auf den Sitz gegenüber.

„Und mir knurrt der Magen! So viel rumlaufen und nichts im Magen...", antwortet der Privatdetektiv.

„Am besten fand ich die Halle mit den Kunstbüchern."

Bea Braun zeigt eine Tüte mit vielen Katalogen und Verlagsprospekten.

„Und ich hab mir ein paar Krimis bestellt. Es gibt ein paar ganz gute junge Autoren und Autorinnen. Bin schon gespannt."

„Apropos Krimi! Was ist mit der Auflösung unseres Falls?", fragt Bea Braun.

„Morgen, Bea, morgen. Heute haben wir frei. Und außerdem ist das nicht unser Fall. Wir haben leider keinen Auftrag. Aber ich habe eine Idee. Zu einer Studienreise gehört ein Fall. Ein Studienfall sozusagen..."

Bea Braun stimmt ihrem Chef zu: „Richtig! Wir notieren alle verdächtigen Personen und Fragen dazu..."

„...und morgen präsentiert jeder von uns seine Lösung. Einverstanden?"

„Super Idee! Und was bekommt die Gewinnerin?", fragt Bea Braun.

---

3 **Abteil** abgegrenzter Sitzbereich in einem Zug | 3 **ICE** der schnellste Zug zwischen Großstädten in Deutschland | 7 **Mir knurrt der Magen.** Er hat Hunger. | 10 **Tüte** Tasche | 11 **Prospekt** ein Heft, das mit Text und Bildern für etwas wirbt | 13 **gespannt** neugierig | 14 **apropos** da wir gerade davon sprechen | 17 **Auftrag** Bestellung, *hier:* Niemand zahlt für die Lösung des Falls. | 19 **Fall** Rätsel, das Detektiv Müller lösen will

Kapitel 7

Es ist Montagmorgen. Um Viertel nach neun kommt Bea Braun ins Büro.

„Morgen, Chef!“

„Sehen Sie mal, ich hab Ihnen was mitgebracht.“

Bea Braun legt die ‚Berliner Morgenpost’ auf den Tisch.

„Nicht schlecht, Kollegin. Aber ich hab Ihnen auch was mitgebracht.“

Helmut Müller legt mehrere Tageszeitungen auf den Tisch.

„O.k., Chef. Eins zu null für Sie. Ich koche jetzt erst mal einen Kaffee und dann geht's los.“

Nach zehn Minuten sitzen Bea Braun und Helmut Müller am großen Schreibtisch. Beide haben Papier und Bleistift vor sich liegen.

Helmut Müller fragt: „Also, dann mal los. Warum haben Sie heute die ‚Berliner Morgenpost’ mitgebracht?“

„Weil ich wissen wollte, ob etwas über die Bombendrohung drinsteht“, antwortet Bea Braun.

„Und? Steht was drin?“

„Klar! Hier, lesen Sie.“

Bombendrohung auf der Buchmesse

Der bekannte Verlag ‚Magnum Presse' wurde gestern Ziel einer Bombendrohung.
Das mutige Eingreifen der Polizei hat eine Katastrophe verhindert. Um zehn Uhr sollte Kurt Voleur, der berühmte Enthüllungsjournalist, sein neuestes Buch präsentieren. Wollte der Anschlag dies verhindern?

Kurt Voleur

„Prima Publicity!" Helmut Müller zeigt Bea Braun die anderen Artikel.

Bea Braun blättert die Zeitungen durch.

„Hier steht, dass es gar keine Bombe gegeben hat. Die Polizei hat nur eine Attrappe gefunden.

Und hier! Ein Foto mit Rieck und Voleur und Werner! Und da steht: ‚Das Erfolgstrio der Magnum Presse'. Sehen Sie sich das an, Chef."

Helmut Müller lacht.

---

7 **Eingreifen** Handeln | 8 **Katastrophe** ein sehr großes Unglück | 9 **verhindern** etwas machen, damit etwas anderes nicht passiert | 11 **Enthüllungsjournalist** Journalist, der Böses aufdeckt | 20 **durchblättern** *hier:* anschauen | 21 **Bombe** etwas, was explodieren kann. Eine Explosion hinterlässt große Schäden. | 22 **Attrappe** eine sehr gute Nachbildung von einer Sache | 24 **Erfolgstrio** drei Personen, die zusammen Erfolg haben

„Ich kenne die Artikel, Bea. Die waren sozusagen mein Frühstück heute. Aber was ziehen wir Privatdetektive daraus für Schlüsse?“

„Nicht alle Zeitungen schreiben die Wahrheit. Aber in jedem Artikel kommt ein Hinweis auf das neue Buch von Kurt Voleur und die Magnum Presse vor“, stellt Bea Braun fest.

„Und was lernen wir daraus?“

Bea Braun antwortet: „Sie meinen, äh, Sie meinen, dass der Anschlag vielleicht gar kein Anschlag war, sondern...“

„...Publicity!“, ergänzt der Privatdetektiv.

„Und die Störungen am Samstag von diesem Koenig – oder wie heißt der noch?“, fragt Bea Braun.

„Schönborn.“

Bea Braun vermutet: „Dieser Schönborn hat auch nur gestört, um auf den Verlag und sein Programm aufmerksam zu machen?“

„Das ist gut möglich.“

Bea Braun trinkt einen Schluck Kaffee.

„Um ein Motiv zu haben. Ein Attentäter braucht ein Motiv. Und das ist doch ein prima Motiv: ‚Verlag klaut Manuskript. Armer Autor muss als Kellner arbeiten – doch dann legt er die Bombe!'“, überlegt Bea Braun laut.

„Prima, Bea. Das können Sie gleich an die ‚Morgenpost' verkaufen. Aber im Ernst, was ist das für ein Image für die Magnum Presse? Ein Verlag, der Manuskripte klaut? Nein, das ergibt keinen Sinn.“

Bea Braun denkt nach.

---

3 **Schlüsse** Folgerung, *hier:* Lösung | 4 **Wahrheit** das, was stimmt/richtig ist | 11 **Störung** *hier:* etwas, was die Präsentation unterbrochen hat | 15 **aufmerksam machen** auf etwas hinweisen | 18 **Schluck** eine kleine Menge Flüssigkeit beim Trinken | 19 **Motiv** Grund, etwas Böses zu tun | 19 **Attentäter** jemand, der etwas Böses machen möchte; Täter | 24 **Image** Eindruck, Bild

„Sie haben recht, Chef. Das ergibt keinen Sinn. Der Verlag ist das Opfer – oder er tut so. Jemand will die Veröffentlichung verhindern, und das steigert die Nachfrage!“

„Wie ich sagte: Publicity!“

„Und wer hat dann die Bombe gelegt?“, fragt Bea Braun.

„Die Attrappe, Bea! Die Attrappe, das ist ein großer Unterschied.“

„Und von dem ganzen Presserummel profitiert am meisten die Magnum Presse“, meint Bea Braun.

„Eben!“

„Sie meinen, Rieck…?“ Bea Braun schaut ihren Chef an.

3 **Nachfrage** Interesse | 8 **Presserummel** Aufmerksamkeit der Presse | 8 **profitieren** Gewinn machen, einen Vorteil haben

„…oder sein Superautor!", antwortet Helmut Müller.

„Das ist ja ekelhaft!"

Bea Braun gießt sich noch eine Tasse Kaffee ein.

„Und Schönborn hat die beiden mit seinem Störversuch auf die Idee gebracht. Dann ist der Fall ja eigentlich geklärt. Nur das mit den falschen Namen verstehe ich noch nicht", sagt Bea Braun.

„Das ist ziemlich einfach: Jörg Schönborn war Journalist in Jena. Seine Zeitung hat über Doping recherchiert. Diese Berichte hat er an den Lektor der Magnum Presse geschickt und dieser Lektor war – na?", fragt Detektiv Müller.

2 **ekelhaft** abstoßend, furchtbar, schrecklich | 3 **eingießen** ein Getränk aus einer Kanne in ein Glas/eine Tasse gießen | 11 **Lektor** Beruf; jemand, der in einem Verlag Manuskripte prüft und bearbeitet, bevor sie gedruckt werden

„Kurt Gonike!“

„Genau! Dieser Kurt Gonike hat sozusagen das Manuskript geklaut und unter dem Pseudonym ‚Voleur‘ veröffentlicht.“

„O.k., bei Gonike verstehe ich den falschen Namen. Aber warum nennt sich Schönborn Koenig?“, fragt Bea Braun.

„Er nennt sich ja nicht so. Im ‚Frankfurter Hof‘ arbeitet er unter seinem richtigen Namen. Ich glaube, er wollte uns bei dem Gespräch am Samstag Abend einen Tipp geben.“

„Einen Tipp? Mit einem falschen Namen? Wie soll das gehen?“

„Drehen Sie doch mal die Buchstaben von ‚Koenig‘ ein bisschen um…“, fordert Helmut Müller seine Mitarbeiterin auf.

„…dann ergibt sich ‚Gonike‘! Mensch, Chef, super! Ich glaube, Sie haben gewonnen.“

„Unentschieden! Zusammen haben wir den Fall gelöst und zusammen gehen wir jetzt essen!“

„Und Ihre Diät?“, fragt Bea Braun.

„Meine Diät ist nur ein Pseudonym für eine richtige Berliner Schlachtplatte!“

Ende

25 **Diät** eine bestimmte Art der Ernährung von Menschen, die zu viel wiegen |
27 **Schlachtplatte** ein Teller mit verschiedenen Arten an Fleisch

Übungen und Tests zu den Kapiteln

Charaktere beschreiben
Verdächtige finden
Ein Protokoll verfassen
Einen Bericht schreiben
Vokabelliste erarbeiten

1. Lesen Sie Abschnitt 1 noch einmal und notieren Sie Informationen zu Helmut Müller und Bea Braun.

Aussehen	Tätigkeiten	Vorlieben/Abneigungen

2. Was geschieht am Messestand? Kreuzen Sie an.

	R	F
Horst Rieck stellt ein Buch von Helmut Müller vor.	☐	☐
Ein unbekannter Mann stört die Rede von Horst Rieck.	☐	☐
Werner Hofinger ist betrunken.	☐	☐
Helmut Müller geht mit Bea Braun in ein Café.	☐	☐
Der unbekannte Mann verträgt keinen Alkohol.	☐	☐
Werner Hofinger signiert sein Buch „Berliner Luft“.	☐	☐
Ein Bücherregal fällt um und verletzt eine Angestellte der Magnum Presse.	☐	☐
Der Verleger Horst Rieck ruft die Polizei.	☐	☐
Kurt Voleur ist der Erfolgsautor der Magnum Presse.	☐	☐

3. Jörg Koenig erzählt seine Geschichte. Halten Sie die wichtigsten Aussagen schriftlich fest.
Jörg Koenig war Journalist in Jena. Er war ...

....

....

Dann ...
Zuerst ...

....

....

Jetzt ...

....

4. Bea Braun verspricht, im Gespräch mit Kurt Voleur keine Notizen zu machen. Sie merkt sich aber alles, was er sagt. Können Sie das auch? Kreuzen Sie an.

- ○ Kurt Voleur schreibt Kriminalromane.
- ○ Kurt Voleur ist Sportler.
- ○ Kurt Voleur schreibt Sachbücher.

- ○ Kurt Voleur heißt eigentlich Kurt Gonike.
- ○ Gonike ist der Künstlername von Kurt Voleur.
- ○ Kurt Voleur war zuerst Bäcker.

- ○ Kurt Voleur hat bei der Magnum Presse ein Praktikum gemacht.
- ○ Kurt Voleur hat zuerst in einem anderen Verlag Bücher geschrieben.

- ○ Kurt Voleur hat ein Buch über Doping im Sport (in der DDR) geschrieben.
- ○ Kurt Voleur hat ein Buch über Germanistik geschrieben.
- ○ Kurt Voleur hat ein Buch über Handwerker geschrieben.

2. – 5. Sammeln Sie die Ereignisse in Frankfurt bis zum Ende des 5. Abschnitts:
Wer macht was? Wer spricht mit wem worüber?
Was geschieht wann?

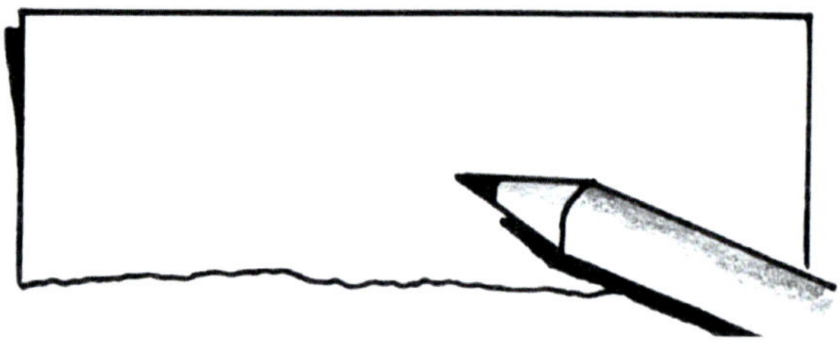

7. a) Wie sieht Bea Braun den Fall, wie Helmut Müller? Ordnen Sie zu.
b) Vergleichen Sie Ihre Lösung mit der von Bea Braun und Helmut Müller!

Bea Braun	**Helmut Müller**
Die Bombe in Frankfurt war nur eine Attrappe.	Alle Zeitungen erwähnen die Magnum Presse und das neue Buch von Kurt Voleur.

Der Bombenanschlag war eine Publicity-Aktion.

Jörg Schönborn hat die Bombe gelegt.

Jörg Schönborn hat den Verlag mit seiner Störung auf die Idee mit der Bombendrohung gebracht.

Jörg Schönborn hat Berichte über Doping in der DDR an die Magnum Presse geschickt.

Kurt Gonike hat das Manuskript von Schönborn geklaut und unter dem Namen „Voleur“ veröffentlicht.

Bea Brauns Lösung	Helmut Müllers Lösung	Ihre Lösung

Lösungen zu den Übungen

1. Lesen Sie Abschnitt 1 noch einmal und notieren Sie Informationen zu Helmut Müller und Bea Braun.

Wer?	Aussehen	Tätigkeiten	Vorlieben/ Abneigungen
Helmut Müller	kräftig	Privatdetektiv	Er mag Kaffee. Er mag kein Mineralwasser und Saft.
Bea Braun		Sekretärin	Sie trinkt gerne Kaffee.

2. Was geschieht am Messestand? Kreuzen Sie an.

	R	F
Horst Rieck stellt ein Buch von Helmut Müller vor.	☐	☑
Ein unbekannter Mann stört die Rede von Horst Rieck.	☑	☐
Werner Hofinger ist betrunken.	☐	☑
Helmut Müller geht mit Bea Braun in ein Café.	☐	☑
Der unbekannte Mann verträgt keinen Alkohol.	☑	☐
Werner Hofinger signiert sein Buch „Berliner Luft".	☑	☐
Ein Bücherregal fällt um und verletzt eine Angestellte der Magnum Presse.	☑	☐
Der Verleger Horst Rieck ruft die Polizei.	☐	☑
Kurt Voleur ist der Erfolgsautor der Magnum Presse.	☑	☐

3. Jörg Koenig erzählt seine Geschichte. Halten Sie die wichtigsten Aussagen schriftlich fest.

Jörg Koenig war Journalist in Jena.
Seine Zeitung gibt es nicht mehr.
Zuerst hat er als freier Journalist gearbeitet. Er hat über Doping im Sport recherchiert.
Jetzt arbeitet er als Kellner im Restaurant „Frankfurter Hof".

4. Bea Braun verspricht, im Gespräch mit Kurt Voleur keine Noitzen zu machen. Sie merkt sich aber alles, was er sagt. Hier die wichtigsten Informationen.

- ✓ Kurt Voleur schreibt Sachbücher.
- ✓ Kurt Voleur heißt eigentlich Kurt Gonike.
- ✓ Kurt Voleur hat bei der Magnum Presse ein Praktikum gemacht.
- ✓ Kurt Voleur hat ein Buch über Doping im Sport (in der DDR) geschrieben.

7. a) **Wie sieht Bea Braun den Fall, wie Helmut Müller? Ordnen Sie zu.**

Bea Brauns Lösung	Helmut Müllers Lösung
Die Bombe in Frankfurt war nur eine Attrappe.	*Alle Zeitungen erwähnen die Magnum Presse und das neue Buch von Kurt Voleur.*
Jörg Schönborn hat die Bombe gelegt.	Der Bombenanschlag war eine Publicity-Aktion. Jörg Schönborn hat den Verlag mit seiner Störung auf die Idee mit der Bombendrohung gebracht. Jörg Schönborn hat Berichte über Doping in der DDR an die Magnum Presse geschickt. Kurt Gonike das Manuskript von Schönborn geklaut und unter dem Namen „Voleur" veröffentlicht.